LETTRE

écrite le 15 Septembre 1786

PAR

la secrétaire des religieuses de Notre Dame de Miséricorde, sur la vie et la mort édifiantes de Mlle Marie, Anne, Marthe **DE ROUX**, en religion Sœur Marie du St Sacrement.

ARLES
IMPRIMERIE VEUVE CERF
PLACE DU SAUVAGE, 7.

1877

✝

REQUIESCAT IN PACE

Ma très honorée Mère et mes très chères Sœurs,

Le Seigneur, toujours adorable dans ses desseins, ne pouvait nous affliger plus sensiblement, qu'en appelant à lui notre chère sœur Marie du Saint-Sacrement, qui était un modèle de l'état religieux, et une vraie copie des vertus de nos saints fondateurs.

Notre chère Sœur, nommée dans le monde Marie-Anne-Marthe Roux, était fille à feu Monsieur Pierre-Honoré Roux et à Madame Anne Boyer d'Aiguilles, dont on peut comparer la vie à celle des premiers chrétiens, et dont la famille, une des plus respectables de cette ville, n'y brille pas moins par sa probité et ses vertus, que par une longue suite d'ancêtres. Auprès de tels parents, son innocence ne pouvait qu'être à l'abri des assauts de ce siècle pervers, et elle sût bien profiter d'un si précieux avantage. A peine eût-elle atteint l'usage de la raison, qu'on s'aperçût de l'horreur qu'elle avait pour le vice ; la moindre apparence du mal la faisait trembler ; et ces bons sentiments s'accrurent en elle avec l'âge. Son éducation fut confiée à une de ses tantes germaines, religieuse Bernardine de cette ville (sœur de M Pierre-Honoré Roux), et dont la mémoire sera toujours en vénération. Sous les soins de cette digne épouse de J. C., quels rapides progrès ne fit-t-elle point dans la piété et la vertu ! La tante, charmée de la conduite de la nièce, se hâta de la faire admettre au banquet céleste ; et c'est dans la fréquente participation à la divine nourriture qui nous y est offerte, que notre chère Sœur sentit naître en elle le désir d'embrasser la vie monastique. Cet attrait pour l'état religieux croissant tous les jours, elle se vit livrée à de violents combats pour la vive tendresse qu'elle avait pour sa famille, dont elle ne pouvait se résoudre à se séparer. Mais, ayant puisé des forces dans les plus ferventes prières, et ne pouvant douter de la volonté de Dieu qui lui demandait ce sacrifice, elle ne pensa plus qu'à obtenir le consentement de M. son père et de Madame sa mère ; ce qui ne lui fût pas si facile, par l'attachement qu'ils avaient pour elle, et par les établissements très avantageux qu'on leur offrait pour assurer, dans le monde, à leur fille un bonheur digne de son mérite. Ces établissements auraient gagné un cœur moins épuré que celui de notre chère Sœur; elle les foula aux pieds. Le Seigneur voulant encore plus éprouver son désir et sa fidélité, elle fut attaquée de la petite vérole; mais sa vocation n'en fût point ébranlée; sa ferveur se soutint toujours, et elle n'écouta point les prétextes qu'un tempérament délicat pouvait suggérer à son âge à l'occasion de cette maladie. Par ses instances réitérées, elle obtint le consentement de ses chers et vertueux parents; et tous les obstacles étant franchis, elle se hâta d'entrer dans notre Maison. Il serait difficile, ma très honorée Mère et mes très chères Sœurs, de vous exprimer la satisfaction et la joie que nous causa son entrée; elles étaient le fidèle témoignage de l'empressement que nous avions eu à posséder un si digne sujet. Elle s'en conjouissait aussi, et ne cessait de nous le témoigner par des transports qui égalaient les nôtres. Dès lors, nous nous félicitâmes beaucoup de l'avoir parmi nous. Son amour pour Dieu lui fit embrasser avec plaisir toutes nos observances régulières, et l'obéissance seule pouvait retenir sa ferveur; son attrait à obéir, si j'ose le dire, était extrême. Sa mortification ne l'était pas moins; accoutumée dès son enfance à la pratiquer, elle savait en saisir l'occasion; de là venait son exactitude au silence qu'elle n'interrompait jamais sans en avoir obtenu la permission.

Revêtue de notre saint habit, de quelle allégresse son cœur ne fût-il pas encore plus transporté! Ne pouvant contenir cette allégresse au dedans d'elle-même, elle baisait amoureusement ces précieuses livrées de notre divin époux que nous avons le bonheur de porter, ne cessant de soupirer après l'heureux moment qui devait consommer son sacrifice. Elle avait une dévotion spéciale à la divine Marie, se faisant surtout un devoir d'en imiter les vertus, elle souhaita prononcer ses vœux le jour de la présentation de cette Vierge des Vierges ; et en les prononçant, conformant son sacrifice à celui qu'elle avait choisi pour modèle, elle se dévoua et s'unit à Dieu si intimement qu'elle ne parut plus tenir à la terre. Ce fut alors que nos Supérieurs eurent besoin de toute leur autorité pour retenir son zèle. Ponctuelle aux moindres pratiques de nos règles, elle le fût encore plus à l'accomplissement de nos vœux. Le vœu d'obéissance qu'elle remplissait jusqu'à un saint excès, était le seul frein qui pût arrêter son ardeur pour les autres, et surtout pour le vœu particulier de notre Institut, qui faisait les délices de son cœur. Elle aurait souhaité travailler jour et nuit ; se refusant même de petits moments de délassement, il n'y avait aucune sorte d'ouvrage dont elle ne fut affamée, et qui ne sortit parfait de ses mains. Elle avait, à cet égard, mille industries pour unir l'obéissance à ses désirs, nous disant très souvent que de la priver de cette satisfaction, c'était augmenter ses maux. Car elle a toujours été d'une santé faible, et c'est uniquement ce qui a empêché nos supérieures de la charger d'aucun emploi pénible ; elle avait tous les talents propres à remplir tous les emplois. Son zèle et sa charité pour nos Sœurs lui faisaient demander avec instance de les aider dans les leurs ; et la manière dont elle s'en acquittait était pour nous toutes un exemple qui ne servait pas peu à nous animer. Ses infirmités habituelles la dispensèrent enfin de toute l'austérité de nos saintes règles, et même de nos exercices journaliers, mais celui de quatre heures du matin étant son exercice de prédilection, elle ne cessait de supplier nos supérieures de lui permettre d'y assister, et quoique ce fût celui que sa santé lui permit le moins, elles étaient quelquefois obligées de céder à ses sollicitations réitérées. Son union avec Dieu était continuelle ; le sommeil ne pouvait l'interrompre. Elle pouvait dire avec l'épouse des Cantiques : Je dors et mon cœur veille. Des dispositions si saintes lui faisaient trouver un goût suave à l'oraison ; elle y passait plusieurs heures de suite et il fallait lui faire violence pour l'arracher des pieds des saints autels. Elle tâchait alors de s'en dédommager en se renfermant en esprit dans la plaie sacrée du cœur de Jésus qui a toujours été l'objet d'une de ses plus tendres dévotions. Elle nous a laissé les preuves les plus authentiques de son amour pour ce divin cœur. Aidée par le zèle et la piété de sa respectable famille, elle a fait ériger un autel et établi une fête dans notre église en l'honneur du cœur de Jésus : elle a donné un calice pour la même fin : notre communauté conservera à jamais une vive reconnaissance pour tant de si précieux dons.

Notre chère Sœur a possédé toutes les vertus dans un degré éminent, qu'il faudrait un volume pour présenter l'histoire de sa vie sainte et fervente. Une des vertus que nous admirions le plus en elle, était sa charité pour le prochain. Elle trouvait toujours le secret de le faire soulager dans ses besoins, y employant quelquefois avec permission ce qui était à son usage. Elle nous édifiait par son attention à couvrir les défauts d'autrui, se servant des ressources que son esprit agréable lui fournissait pour les diminuer ou les faire même entièrement disparaître. Elle ne voulait pas même entendre parler des faits publics et qui étaient portés devant les tribunaux. Nous ne vous dirons rien de son humilité et de sa foi, ces deux vertus si nécessaires pour posséder toutes les autres. Mais nous ne pouvons nous dispenser de vous transcrire une partie de la prière qu'elle adressait à Dieu pour obtenir la grâce d'être préservée de tout péché : « Mon Dieu, disait-elle dans cette prière, vous avez accordé à quelques saints le privilège de ne plus pécher et d'être confirmés en grâce ; je suis indigne de cette faveur, je ne vous la demande pas, mais la mort est le châtiment du péché ; vous punissez quelquefois les pécheurs par la mort ; c'est ce châtiment que je vous demande comme une grâce ; si vous prévoyez que j'aurai le malheur de vous offenser, punissez-moi du péché avant que je le commette. » Vous penserez sans doute avec nous, ma très honorée mère et mes très chères Sœurs, qu'une âme si pure méritait de jouir dès ce monde de tous les avant-goûts du Ciel ; mais le Seigneur qui avait sur elle des vues d'un amour plus favorable l'a retenue toute sa vie dans le creuset des souffrances intérieures. Elle craignait toujours de s'écarter des voies de la justice, tandis qu'elle y marchait à pas de géant. « Je vous avoue, disait-elle, dans une de ses lettres, que ce qui m'attache à Dieu et ce qui me prouve le plus l'infinie bonté de son cœur, c'est qu'il puisse aimer un être aussi vil et aussi impur que le mien ; voilà, à mon avis, le plus grand de tous les mystères. » Tout ce qui s'accordait à sa volonté, fût-il même bien légitime, lui paraissait contraire à celle de Dieu. Dans sa perplexité, elle s'écriait avec le grand apôtre : Qui me délivrera de ce corps de mort ? Elle ne trouvait de solide consolation que dans la fréquentation des Sacrements. Sa faim insatiable pour la divine Eucharistie lui obtint la permission d'en approcher tous les jours. La nature semblait quelquefois y prendre des forces ; car après avoir passé des nuits cruelles, elle passait à genoux pour la Sainte Communion un tems considérable, comme immobile et n'ayant aucune de ces défaillances dont nous étions témoins en d'autres tems. C'est là encore qu'elle puisait ces beaux sentiments : « je ne changerai pas la situation longue et pénible où le bon Dieu m'a mise, pour tous les avantages terrestres, j'oserai presque dire, pour ceux du Ciel. » Sa santé qui s'affaiblissait toujours davantage nous alarma d'autant plus justement que nous trouvions dans la délicatesse de son tempérament une opposition invincible à tous les remèdes. Madame sa mère fut sensiblement affligée de la triste situation de sa fille ; Messieurs ses frères ne le furent pas moins ; toute la famille voulut une consultation de plusieurs médecins et chirurgiens; la consultation fut d'une opinion unanime, et décida que le seul changement d'air pouvait prolonger ses jours et jugea même sa mort fort prochaine si elle différait d'employer ce moyen. Le vif attachement que tous les parents de nôtre chère sœur avaient pour elle leur fit mettre tout en œuvre pour obtenir son consentement. La trouvant toujours inébranlable, ils lui dirent que dès que ce seul moyen pouvait lui redonner la santé, c'était pour elle un devoir indispensable de l'employer et que Dieu lui ferait rendre-compte de ses jours si elle les abrégeait en le refusant. Cependant nôtre chère Sœur ne condescendit à leurs désirs qu'après un ordre exprès de Monseigneur nôtre Evêque, reconnaissant la volonté de Dieu dans celle de Son supérieur et se flattant de prendre des forces pour mieux remplir ses engagements et se rendre utile dans les divers emplois de la Sainte Religion Sa Séparation brisa nos cœurs: nous appréhendions dès lors, ce qui nous est malheureusement arrivé, d'être privées de la consolation de lui donner les derniers soins Il fallut cependant nous soumettre malgré toute la force de nos répugnances. Elle souhaitait fixer sa demeure dans une maison religieuse afin de ne pas s'écarter en ce point de nos constitutions. Elle la demanda, mais inutilement. L'ordonnance de Messieurs les médecins marquait expressément de lui faire respirer un air entièrement libre. Monsieur son frère, théologal de la cathédrale et vicaire-général du diocèse d'Apt, voulût la mener chez lui et il eût pour elle toutes les attentions imaginables. Nôtre chère Sœur ressentit vivement ces témoignages d'une amitié si tendre. Mais son attrait pour le cloître et même son désir de retourner chez nous l'empêchaient de goûter la satisfaction d'être auprès d'un si bon frère qu'elle chérissait d'ailleurs autant qu'elle en était chérie et qui avait toujours été le dépositaire des secrets de son âme. Elle ne cessait de le solliciter de lui accorder la consolation qu'elle désirait si ardemment. Monsieur son frère craignant que le remède ne fût pire que le mal acquiesça en partie à ses instances. Il consentit à la voir se séparer d'auprès de lui ; mais il lui refusa de la ramener chez nous à cause du climat maritime qu'il croyait lui être préjudiciable.

Nôtre chère Sœur fit choix de notre monastère d'Avignon où elle fut reçue avec toutes les démonstrations de l'union parfaite qui lie toutes nos maisons. Dès qu'elle y eût passé quelques jours, son cœur commença à s'épanouir, et elle nous écrivait que la consolation d'être auprès du tombeau de notre vénérable fondatrice lui adoucissait la peine de son éloignement d'auprès de nous ; qu'elle était édifiée de la régularité et du bon ordre qui règnent dans cette maison ; qu'elle y trouvait les mêmes usages que chez nous : que la Supérieure et toute la communauté la prévenaient en tout ce qui pouvait soulager ses maux ou lui faire plaisir. Après trois ans d'absence pendant lesquels elle avait instamment demandé son retour, voyant que sa santé ne pouvait se rétablir, elle pria qu'on la ramenât incessamment dans sa chère maison de Marseille. Messieurs ses parents voulurent différer encore de quelques mois et dans cet intervalle ses forces ont tellement diminué qu'elle n'a pu être transportée. Le Seigneur lui a fait goûter bien sensiblement l'amertume de son calice quelques jours avant sa mort en imprimant dans son âme une vive crainte de ses jugements. L'épreuve n'a pas été longue; Dieu juste et bon, satisfait de sa soumission et de sa constance a changé cette crainte cruelle en un amour si ardent, qu'elle ne pouvait contenir la joie qu'elle ressentait d'être bientôt unie à son divin époux. Elle a eu le bonheur de recevoir trois fois le Saint Viatique dans le cours de sa maladie et a demandé elle-même le Sacrement de l'extrême-Onction ainsi que les derniers secours de l'Eglise. Elle a édifié nos Sœurs dans ses derniers jours et dans tout le tems qu'elle a passé parmi elles, comme elle avait fait chez nous ; elle s'est même refusée en terminant sa carrière la consolation d'être assistée de Monsieur son frère le théologal, sacrifice qui lui aura été méritoire. Les sentiments les plus généreux l'ont animée. Voici ce qu'en a écrit une de nos Sœurs d'Avignon : « le plus grand plaisir, me dit-elle, que je puisse avoir dans cette terre étrangère, (ainsi se regardait-elle hors de la maison qui avait reçu ses vœux) ce serait de rendre mes derniers soupirs sous les yeux de mon frère l'abbé. Dieu lui a accordé le don de me consoler, de m'encourager ; mais je veux m'en priver et mourir hors de toute consolation. je la priai de consulter là dessus le guide de sa conscience. L'inspiration est trop forte, me répondit-elle, il faut mourir comme nôtre modèle, le fiel à la bouche. Nous ne sommes donc pas surprises de ce qu'ajoute la même sœur ; une nuit j'étais auprès d'elle, elle souffrit cruellement. Sans s'arrêter à ses souffrances, ce ne fût que sentiments amoureux, et, j'ose dire, sacrés enthousiasmes. » Ayant pris la nourriture dont elle avait depuis longtems un dégout insurmontable, l'état de son mal parût changer et donna quelques lueurs d'espérance, mais on s'aperçût bientôt des enflures, qui, ayant fait un progrès très rapide dans vingt-quatre heures, l'ont fait passer de la terre au Ciel, comme sa vie nous le fait espérer. Sa mort, que nous pouvons appeler un doux sommeil, a été le 12 du mois d'Août, à 5 heures du matin, dans la 40me année de son âge et la 15me de sa profession. Elle a été assistée dans ses derniers moments de Monsieur le confesseur de nos Sœurs d'Avignon, en qui elle avait une entière confiance et qui lui a donné ses soins avec beaucoup de charité et de zèle, de la Supérieure et d'une partie de la communauté. Nous vous prions de lui continuer les secours de vos saintes prières pour achever de la purifier si elle en a besoin encore. Nous sommes persuadées qu'ayant reçu nôtre lettre d'avis, vous lui aurez déjà accordé les suffrages de nôtre S^t ordre. je me flatte que vous voudrez bien donner quelque part à vôtre Souvenir devant le Seigneur à celle qui a l'honneur d'être avec un profond respect,

Ma très honorée Mère et
    Mes très chères Sœurs,

      Vôtre très humble et très-obéissante servante, la Secrétaire des Religieuses de Nôtre Dame de Miséricorde.

à Marseille ce
15 septembre 1786.

www.ingramcontent.com/pod-product-compliance
Lightning Source LLC
Chambersburg PA
CBHW062002070426
42451CB00012BA/2544